M...
de faire des efforts

Série dirigée par Dominique de Saint Mars

© Calligram 2009
Tous droits réservés pour tous pays
Imprimé en Italie
ISBN : 978-2-88480-531-5

Ainsi va la vie

Max décide de faire des efforts

Dominique de Saint Mars

Serge Bloch

CHRISTIAN ALLIMARD

Au lieu de vous moquer de votre camarade, vous feriez mieux de suivre son exemple !
Vous voulez qu'on devienne tous des nuls ?!
C'est celui qui le dit qui l'est !
Toujours aussi aimable, Nicolas !
DRIIIIIIIIIIIIIING !!
MAAAX !
On se retrouve au hangar pour le goûter ?!
Elle va me passer un savon...

* Retrouve Max dans le livre Max a triché.

Tu veux une méthode infaillible pour avoir des bonnes notes sans tricher ? Écoute la maîtresse et fais tes devoirs !
Facile à dire ! Je n'arrive à me concentrer que devant une console !
Avec un peu d'efforts, tu peux y arriver en classe aussi !

En classe, c'est trop pas drôle !
Faire des efforts, à notre âge, c'est trop dur... Mais on peut y arriver !
Tu parles comme mon père !

*Découvre pourquoi Kim le trouva t nul dans Max se trouve nul.

*Max aurait dû écrire : « Je veux apprendre à écrire sans fautes. »

DEUX SEMAINES PLUS TARD...
T'en n'as pas marre ?
Non, non... Les efforts, c'est comme la drogue, tu sais.. On y prend goût...
Personne ne t'interdit de jouer un peu... Ça te détendra... Tu travailleras mieux après...
Non, Max, tu ne joueras pas ! Tu l'as décidé !

LE LENDEMAIN MATIN...
Mon lit n'est pas fait, il y a du laisser-aller !
?
Tu vas être en retard, Max !
Dépêche-toi, Max !
N'oublie pas ton devoir du matin, Max !
WC
TOC TOC

Et toi...

Est-ce qu'il t'est arrivé la même histoire qu'à Max, ou non ?
Réponds vite aux deux petits questionnaires.

SI C'EST FACILE POUR TOI DE FAIRE DES EFFORTS...

Tu sais porter ton attention sur un point précis, sans t'occuper du reste ? Tu sais te relaxer pour garder ton énergie ?

Tu fais une chose à la fois ? Tu finis ce que tu commences ? Tu sais pourquoi tu rates ? Tu sais te faire aider ?

Tu sais prévoir ce que tu peux réussir, et te motiver pour y arriver ? Tu aimes te battre ? Tu es optimiste ?

Tu as confiance en toi, grâce aux efforts qui ont payé ?
Ça t'a fait plaisir pour toi ? Pour tes parents ?

Tes parents ont confiance en toi ? Ils sont tes supporters ?
Ils t'aident à garder le cap ? Ils remarquent tes progrès ?

Chez toi, on t'a appris la patience ? Tu prends exemple
sur quelqu'un ? Ou tu penses que tu dois t'en sortir seul ?

Si c'est dur pour toi de faire des efforts...

Tu es pessimiste ? Tu penses que tu n'y arriveras pas, tu es découragé ? Tu as déjà essayé mais ça n'a pas marché ?

Tu renonces vite ? Tu oublies ce que tu as décidé ? Tu aimes jouer, t'amuser, les choses nouvelles ? Tu t'ennuies vite ?

Tu n'arrives pas à te concentrer ? Tu es agité ? éparpillé ? Tu commences trop de choses ? Ou rien ne t'intéresse ?

Tu n'es pas patient ? Chez toi, on ne te force pas ? On a peur que tu ne sois pas content, ou frustré, ou fatigué ?

Tes parents ne t'encouragent pas ? Ou ils font les choses à ta place ? Ou tu te sens envahi par les problèmes de famille ?

Tu penses qu'il faut être bête pour faire des efforts, qu'on peut tout réussir sans se fatiguer ?

**Après avoir réfléchi
à ces questions
sur les efforts,
tu peux en parler
avec tes parents ou tes amis.**